32 nombres del Espíritu Santo y sus significados

NOMBRES *del* ESPÍRITU SANTO

32 nombres del Espíritu Santo

El significado de cada nombre

Referencias bíblicas

Meditaciones sobre los atributos del Espíritu Santo

ROSE ESPAÑOL

El Espíritu Santo

Hay mucha controversia y confusión en torno a lo que el Espíritu Santo es y lo que hace.

- Muchos consideran que el Espíritu es impersonal, semejante a una fuerza: la energía o el poder de Dios. Las Escrituras confirman la naturaleza poderosa del Espíritu Santo y lo llaman poder de Dios y Espíritu de poder. A la vez, la Biblia explica mucho más sobre Él. A diferencia de una mera fuerza, podemos mentirle (Hechos 5:3-4) y entristecerlo (Efesios 4:30); además, tiene un nombre (Mateo 28:19).
- Otros entienden que el Espíritu es el lazo de amor que une al pueblo de Dios. Las Escrituras lo llaman Espíritu de gracia, de misericordia y de consuelo; pero también se refieren a Él como el Espíritu de verdad y de juicio (discernimiento). O sea, es más que la sensación de calidez que nos embarga cuando estamos juntos.
- Algunos lo conciben como la mente o el intelecto detrás de la creación. Si bien es cierto que es Espíritu de sabiduría y entendimiento, no es una simple computadora cósmica, sino que es Dios, la tercera persona de la Trinidad.

Estudiar los nombres del Espíritu que aparecen en la Biblia nos dará una idea más cabal de quién es y cómo opera; así podremos adorar y servir más y mejor a Dios.

La Trinidad

En su forma más simple, los cristianos creen que hay un solo Dios y que este Dios único existe como una entidad espiritual en tres personas: el Padre, el Hijo y el Espíritu Santo.

¿Por qué creen los cristianos en la Trinidad?

- La enseñanza de la Biblia es clara: hay un solo Dios, aunque llama Dios a tres personas.
- Hay un solo Dios (Deuteronomio 6:4; Isaías 44:6,8; 45:5a).
- El Padre es Dios (1 Corintios 8:6; Efesios 4:4-6).
- El Hijo es Dios (Juan 1:1-5,14; 10:30-33; 20:28; Hebreos 1:6-8; Filipenses 2:9-11; ver también estos pasajes sobre la deidad de Jesús: Isaías 7:14; 9:6; Juan 1:1; 1:18; 8:58,59; 10:30; Hechos 20:28; Romanos 9:5; 10:9-13; Colosenses 1:15,16; 2:9; Tito 2:13; Hebreos 1:3,8; 2 Pedro 1:1; 1 Juan 5:20).
- El Espíritu Santo es Dios (Hechos 5:3,4; 2 Corintios 3:17; Éxodo 34:34; 2 Corintios 3:16).

Nombre	Referencia	Significado
ALIENTO DEL TODOPODEROSO	Job 33:4	El Espíritu Santo es el divino hálito de vida.
CONSOLADOR/ AYUDADOR	Juan 14:16,26; 15:26; Romanos 8:26	El Espíritu Santo consuela, aconseja y nos da fuerzas.
ESPÍRITU DE CONSEJO	Isaías 11:2	El Espíritu Santo nos aconseja y enseña a medida que crecemos en Cristo.
ESPÍRITU ETERNO	Hebreos 9:14	El Espíritu Santo es el Dios eterno.
ESPÍRITU NOBLE	Salmo 51:12 (RVR60)	El Espíritu Santo es el espíritu generoso y noble de Dios.
DIOS	Hechos 5:3-4	El Espíritu Santo es la tercera persona de la Trinidad. Él es Dios.
BUEN ESPÍRITU	Nehemías 9:20; Salmo 143:10	El buen Espíritu de Dios nos enseñará y conducirá por el camino recto.
ESPÍRITU SANTO	Salmo 51:11; Lucas 11:13; Efesios 1:13; 4:30	Dios es Espíritu y ese Espíritu es santo. Él es el Espíritu de santidad.
SEÑOR	2 Corintios 3:16-17	Como Jesús y el Padre, el Espíritu Santo también es Señor y digno de adoración.
PODER DEL ALTÍSIMO	Lucas 1:35	El Espíritu es poder de Dios; el poder más grande del universo.
ESPÍRITU DE PODER	Isaías 11:2	El Espíritu Santo es Espíritu de fortaleza.
ESPÍRITU DE ADOPCIÓN	Romanos 8:15	El Espíritu nos hace hijos de Dios.
ESPÍRITU ABRASADOR	Isaías 4:4	El Espíritu es el fuego divino de purificación.
ESPÍRITU DE JUICIO	Isaías 4:4; 28:6	El Espíritu de Dios nos convence de pecado y nos juzga.
ESPÍRITU DE CRISTO (JESUCRISTO)	Romanos 8:9; 1 Pedro 1:11	El Espíritu Santo es el espíritu de Jesús en comunión con el Padre.
ESPÍRITU DE LA GLORIA	1 Pedro 4:14	El Espíritu siempre glorifica a Cristo.

La blasfemia contra *el* Espíritu Santo

Jesús dijo: *«En verdad les digo que todos los pecados serán perdonados a los hijos de los hombres, y las blasfemias con que blasfemen, pero cualquiera que blasfeme contra el Espíritu Santo no tiene jamás perdón, sino que es culpable de pecado eterno»* (Marcos 3:28).

La cuestión de la blasfemia contra el Espíritu ha desvelado a muchos lectores de la Biblia.

¿Qué es la blasfemia contra el Espíritu Santo?

Una blasfemia conlleva una aseveración o acción con la intención de difamar a Dios. Aunque las blasfemias contra Dios están prohibidas por el tercer mandamiento (Éxodo 20:7), la gente usa en vano el nombre de Dios, y se la perdona. También se abusa del nombre de Jesús, pero Cristo mismo enseñó que estas ofensas pueden ser perdonadas (Lucas 12:10). ¿Por qué es diferente la blasfemia contra el Espíritu Santo?

Jesús parece referirse a algo más grave que meras palabras o acciones contra el Espíritu de Dios. El contexto (Marcos 3:30) nos ayuda a ver que los acusadores de Jesús insistían en que el Espíritu de Jesús (el Espíritu Santo) no era más que un demonio, un espíritu satánico y malvado. Por lo tanto, no se trataba tanto de una difamación o una calumnia imperdonable, sino de las consecuencias que estas palabras conllevan: el rechazo al ofrecimiento de salvación de Dios.

¿Por qué?

Porque el Espíritu Santo es el testimonio definitivo de Dios sobre Cristo y su salvación. Es posible decir muchas cosas de Cristo, pero si no obedecemos la voz del Espíritu susurrada a nuestros oídos o despreciamos el portentoso grito que brota de la creación y de la historia, no puede haber perdón, porque no habrá regeneración, ni conversión ni arrepentimiento.

Por ende, la blasfemia contra el Espíritu Santo está relacionada con la obra más importante del Espíritu: la revelación. En definitiva, es el Espíritu de verdad, el Espíritu de revelación, quien hace volver la mente y el corazón de la raza humana hacia Dios. Si no escuchamos su voz, nunca recibiremos a Cristo, y Dios nunca nos perdonará.

Comentarios

El Espíritu Santo es la esencia y el fundamento de la relación entre el Padre y el Hijo.

Jesús mandó a sus discípulos a bautizar en el nombre (en singular) del Padre, del Hijo y del Espíritu Santo (Mateo 28:19).

En la cruz, Jesús realizó la obra de gracia por nosotros, pero es el Espíritu quien opera esa gracia en nosotros al darnos fe.

Jesús es el retoño que brota del tronco de Isaí, el Mesías que profetizó Isaías; Jesús tenía la plenitud del Espíritu de conocimiento (Isaías 11:1-2).

Jesús dijo que Él es la verdad. Nosotros recibimos su Espíritu de verdad.

Jesús dijo que el Espíritu nos ayudaría a entender (Juan 16:12-15).

La sabiduría es muy apreciada por Dios (ver Proverbios). El Espíritu es la fuente de la verdadera sabiduría.

Jesús dijo que Él es la vida (Juan 14:6). Su Espíritu es el dador de vida.

A Dios se lo llama el Dios viviente, porque Él es la vida y el origen de la vida mediante su Espíritu en el mundo.

Toda Escritura es inspirada (por Dios). El Espíritu es el aliento de inspiración (2 Timoteo 3:16).

La revelación viene del Padre mediante Jesús por el Espíritu, que es la voz de Dios en nosotros.

Recibimos el Espíritu y la comunión del Padre y el Hijo, el Espíritu de amor. (Ver *Espíritu de Cristo* y *Espíritu del Hijo*).

Dios es digno de temor reverente. El Espíritu Santo inspira esta actitud en nosotros.

El nombre indica la identidad del Espíritu como nuestro Señor.

El Espíritu nos atrae al amor y a la comunión que hay entre el Padre y el Hijo.

El Espíritu es verdaderamente la fuente de toda la vida; todo lo que existe vive solo por Él.

Aplicación

El Espíritu Santo es la fuente de vida que procede de Dios. Por medio de Cristo, el Espíritu nos une a Dios.

El Espíritu Santo es nuestra fuerza y consuelo. Debemos procurar su ayuda en momentos de debilidad o para enfrentar los problemas, porque Él intercede con nosotros y a nuestro favor.

Necesitamos aceptar la dirección de Dios y dejar que el Espíritu Santo nos guíe y enseñe.

El Espíritu no es una fuerza creada. Él es el eterno Creador que nos ama desde y para siempre.

El Espíritu quiere cambiar nuestro corazón endurecido y liberarnos.

El Espíritu Santo no es un ente, ni una energía ni un poder. Es una persona a quien debemos adorar y obedecer porque Él es Dios.

El Espíritu Santo es un don de Dios para ayudarnos en el presente.

El Espíritu Santo que nos da vida también nos hará santos.

El Espíritu Santo es la presencia de Dios en nosotros. Él es nuestro Señor.

El poder de Dios, el Espíritu Santo, puede obrar a través de nosotros y lograr cosas que nunca hubiéramos podido hacer solo por nuestros medios.

Dios nos infunde valor por el Espíritu de Jesús.

El amor de Dios hacia sus hijos nos llega mediante el Espíritu Santo. Gracias a la persuasión de Espíritu, somos parte de la familia de Dios.

El Espíritu de Dios nos purifica del mal.

El Espíritu de Dios discierne el bien del mal.

Jesús da su Espíritu de amor a quienes creen en Él.

El Espíritu nos hace centrar en la vida de Cristo.

Comentarios

Las palabras griegas y hebreas traducidas como «viento», «hálito» y «espíritu» tienen el mismo origen. Denotan un aire que nos infunde vida (ver *Espíritu de vida*).

La palabra en griego es *paracletos* y se refiere a un abogado o intercesor, una persona que nos acompaña para fortalecernos y para defendernos (ver *Espíritu de consejo*).

Jesús es el Consejero admirable (Isaías 9:6). Así como el Espíritu Santo llevó a Jesús al desierto (Lucas 4:1), Él nos guía a la verdad mediante su consejo (Juan 14:26).

El Espíritu Santo es coeterno con Dios el Padre y Dios el Hijo.

Sin el Espíritu de Dios que nos predispone a recibirlo, nunca podríamos liberarnos de las cadenas del pecado.

Debemos entender que Dios es uno en esencia, pero existe en tres personas.

No estamos solos en el mundo. El Espíritu de Cristo nos acompaña para que todas las situaciones obren para bien.

El adjetivo *Santo* sirve para diferenciar el Espíritu de Dios de otros espíritus malignos.

El señorío del Espíritu significa que debemos obedecerlo y nunca agraviarlo.

En griego «poder» es *dynamis*, de donde deriva la palabra *dinamita*.

Jesús dijo que nos daría el poder del Espíritu (Hechos 1:8).

Podemos llamar «Padre» o «Papá» a Dios (*Abba*, en arameo) porque el Espíritu de Jesús habita en nosotros.

En varias ocasiones, el Espíritu de Dios se presenta como fuego (Mateo 3:11; Hechos 2:3).

Jesús dijo que el Espíritu Santo convencerá y juzgará al mundo (Juan 16:8).

Recibimos el Espíritu de amor para disfrutar la misma comunión que el Padre tiene con el Hijo (1 Juan 1:3).

El Espíritu Santo moldea nuestra vida conforme al glorioso modelo de Cristo.

Aplicación

Dios es Espíritu y verdad (Juan 4:24).

Podemos usar este nombre sagrado, porque el Espíritu es Dios.

Conocemos la gracia de Dios solo cuando el Espíritu abre nuestro corazón.

El Espíritu no produce confusión, sino que nos guía al verdadero conocimiento (1 Corintios 14:33).

El Espíritu nos conduce a la verdad, nunca al error.

No se trata de un mero conocimiento técnico, sino que el Espíritu comprende nuestras necesidades.

El Espíritu no es solo intelectual, es personal. Él es sabio y nos guía en su sabiduría.

Así como el aire y la respiración son necesarios para la vida biológica, necesitamos el Espíritu de Dios y su aliento para vivir de verdad.

El Espíritu de Dios es vivo y es nuestro dador de vida.

El Espíritu nos ayuda a entender la Palabra de Dios, porque Él es el origen de la profecía.

La obra del Espíritu consiste en revelarnos a Dios y a su verdad. (Ver *Espíritu de la profecía* y *Espíritu de verdad*).

El Espíritu del Padre y de Jesús está con nosotros.

El Espíritu Santo siempre nos guiará a honrar a Dios.

Debemos adorar y obedecer al Espíritu como nuestro Señor.

Ahora tenemos el amor del Espíritu del Hijo de Dios.

El Espíritu es la esencia plena del amor, la vida y la verdad.

Nombre	Referencia	Significado
ESPÍRITU DE DIOS	Génesis 1:2; 1 Corintios 2:11; Job 33:4	El Espíritu Santo es el Espíritu del Trino Dios.
ESPÍRITU DE JEHOVÁ (ESPÍRITU DE DIOS, EL SEÑOR)	Isaías 11:2; 61:1	El Espíritu tiene el nombre sagrado de Dios: Jehová.
ESPÍRITU DE GRACIA	Zacarías 12:10; Hebreos 10:29	El Espíritu de Dios es un espíritu de compasión.
ESPÍRITU DE CONOCIMIENTO	Isaías 11:2	Es el Espíritu de inteligencia.
ESPÍRITU DE VERDAD	Juan 14:17; 15:26	En el Espíritu Santo solo hay verdad, nunca hay falsedad.
ESPÍRITU DE ENTENDIMIENTO	Isaías 11:2	El Espíritu es el entendimiento mismo.
ESPÍRITU DE SABIDURÍA	Isaías 11:2; Efesios 1:17	El Espíritu Santo es sabio.
ESPÍRITU DE VIDA	Romanos 8:2	El Espíritu Santo nos da vida (Juan 6:63).
ESPÍRITU DEL DIOS VIVO	2 Corintios 3:3	El Espíritu Santo es el Espíritu del Dios de la vida.
ESPÍRITU DE LA PROFECÍA	Apocalipsis 19:10	El Espíritu Santo inspira la verdadera profecía.
ESPÍRITU DE REVELACIÓN	Efesios 1:17	El Espíritu de Dios nos revela Su verdad.
ESPÍRITU DEL PADRE	Mateo 10:20	El Espíritu Santo es el Espíritu del Padre en comunión con Jesús.
ESPÍRITU DE TEMOR DEL SEÑOR	Isaías 11:2	El Espíritu es el Espíritu de reverencia al Señor.
ESPÍRITU DEL SEÑOR (DIOS)	Hechos 5:9	El Espíritu es la presencia del Señor.
ESPÍRITU DEL HIJO	Gálatas 4:6	El Espíritu es el Espíritu de Jesús, el Hijo, con quien el Padre tiene comunión.
ESPÍRITU	Mateo 4:1; Juan 3:6; 1 Timoteo 4:1	Al Espíritu Santo también se lo llama «Espíritu» a secas.

El Espíritu y la oración

El Espíritu de Dios es el Espíritu de oración. Solo podemos llegar a Dios a través de Cristo con la ayuda del Espíritu. Los seres humanos accedemos a Dios únicamente por medio de Jesús (Juan 14:6). Después de su ascensión, Cristo dejó de estar presente en la tierra en forma física; la única manera de adorarlo y presentar nuestras peticiones ante Dios es mediante el Espíritu Santo.

Jesús prometió el don del Espíritu en la vida de sus discípulos (Juan 14:16-17), y la Biblia nos enseña que una de las tareas cruciales del Espíritu es inspirar y guiar nuestras oraciones. Cuando nuestras debilidades nos impiden relacionarnos con Dios de la manera correcta, el Espíritu intercede por nosotros; es decir, presenta nuestro caso ante Dios (Romanos 8:26-27). Podemos confiar en que el Espíritu nos acompaña cuando oramos y perfecciona nuestras oraciones.

Si entendemos que la oración es comunicación con Dios, podremos comprender mejor que se trata de un diálogo y no de un monólogo de nuestra parte. Orar es mantener una conversación: como respuesta a nuestra adoración, Dios nos guía y nos revela con claridad su voluntad. Así como solo podemos llegar a Dios en el Espíritu mediante la verdad de Cristo (Juan 4:24), la guía y la enseñanza de Dios nos llegan solo a través de Cristo por medio de su Espíritu (Juan 14:26; 15:26; 16:12-14).

El fruto del Espíritu

En Gálatas 5:16-25, el apóstol Pablo contrasta dos motivaciones diferentes en la vida: la que se deja llevar por la naturaleza pecaminosa y la que sigue el impulso y la guía del Espíritu. La naturaleza pecaminosa produce actitudes y acciones contrarias a la voluntad de Dios (Gálatas 5:19-21). El Espíritu conduce naturalmente a actitudes y acciones en conformidad con la voluntad de Dios, a las que Pablo llama el *fruto del Espíritu*. El fruto es lo que permite la reproducción de las plantas: en su interior, están las semillas. Los frutos tienen aroma, color y sabor para poder agradar y atraer a quienes propagarán las semillas para que la planta se reproduzca. La vida de una persona guiada por el Espíritu produce fruto: actitudes y conductas agradables a Dios y a otras personas. El *fruto del Espíritu* es: **amor, gozo, paz, paciencia, benignidad, bondad, fidelidad, mansedumbre y dominio propio** (Gálatas 5:22-23).

El bautismo *del* Espíritu Santo

Los cristianos definen el bautismo del Espíritu Santo de diferentes maneras:

- Para algunos, la idea está íntimamente relacionada con el bautismo en agua y el **comienzo** de la vida en la familia de Dios. El propio bautismo de Jesús parece justificar esta explicación con la presencia del agua y del Espíritu en el mismo momento (Mateo 3:11-17). Pablo también se refiere a esta forma de iniciación en la iglesia (1 Corintios 12:13).
- Para otros, el bautismo en el Espíritu Santo se diferencia del bautismo en agua, porque **infunde poder** para el ministerio. El libro de Hechos relata varias ocasiones en que este poder se manifestó independientemente del bautismo en agua (Hechos 2:4; 4:8).
- Otros cristianos consideran que la obra del Espíritu se centra en la **identificación** con Cristo. Pablo entiende que el bautismo y la obra del Espíritu nos unen a Dios y nos conforman a la vida de Cristo, cuando nos bautizamos e identificamos con Él en su muerte (Romanos 6:3-4).

En realidad, todas estas operaciones (la iniciación a la vida cristiana, el poder que nos infunde y la identificación) están implícitas en la obra del Espíritu Santo. Son tres manifestaciones de la obra y el bautismo del Espíritu Santo que no necesariamente suceden en un mismo momento. El acto regenerador del Espíritu nos inicia a la vida en el cuerpo de Cristo; recibimos el poder de Dios para el ministerio cuando somos llenos del Espíritu; y nos identificamos con Cristo en su vida, muerte y resurrección a medida que el Espíritu Santo nos transforma a la imagen de Cristo. Es posible considerar todas estas acciones como parte del bautismo del Espíritu Santo, porque hay diferentes pasajes de las Escrituras que lo confirman. Pero a su vez, esta diversidad de manifestaciones es obra del mismo Espíritu, aunque las podamos experimentar en diferentes momentos de la vida. La diferencia temporal en que se experimentan, junto con las diferentes definiciones y los usos del término «bautismo del Espíritu Santo» en la Biblia, ha suscitado controversias sobre este asunto entre diversos grupos cristianos.

Si tomamos un poco de distancia, para tener una perspectiva más amplia de la obra singular y eterna del Espíritu, podremos quizás entender que el bautismo del Espíritu Santo comprende toda la obra del Espíritu en la humanidad, a través de ella y para su beneficio.

Los dones *del* Espíritu Santo

La Biblia enseña claramente que el Espíritu distribuye dones a todos quienes creen en Cristo. En la siguiente lista, se detallan los dones que imparte el Espíritu y las referencias bíblicas en que se mencionan.

Consejo para el estudio bíblico

Además de la lista de dones de Pablo, el apóstol Pedro también menciona !os dones y los divide en categorías de palabra y de servicio (1 Pedro 4:10-11). Si se compara con la lista de Pablo, se verá que también es posible dividirlos en dones relacionados con la palabra y el servicio. En los Hechos de los Apóstoles, además, se pueden ver estos dones en acción. Conforme lea ese libro, tome nota cada vez que encuentra la manifestación de alguno de los dones especificados en el cuadro.

	Rom. 12	1 Cor. 12	Ef. 4
Apóstol		X	X
Profecía	X	X	X
Evangelización			X
Pastorado			X
Enseñanza	X	X	X
Exhortación	X		
Conocimiento		X	
Sabiduría		X	
Discernimiento de espíritus		X	
Liderazgo	X		
Administración		X	
Servicio/Ayuda	X	X	
Actos de compasión	X		
Generosidad	X		
Sanidad		X	
Fe		X	
Milagros		X	
Lenguas/Interpretación de lenguas		X	
Diversos dones: Posiblemente, el celibato (Mateo 19:12) Hospitalidad (Romanos 12:13)			

El Espíritu Santo reparte dones para ejercer diversas funciones espirituales en beneficio de toda la iglesia. En 1 Corintios 12, Pablo enseña sobre la unidad orgánica del cuerpo de Cristo, la Iglesia. Los dones se complementan unos a otros y operan conjuntamente para el bien común, de la misma manera que lo hacen los miembros del cuerpo. Según esta verdad, los dones se imparten a toda la iglesia en su conjunto. Solo pueden operar en el contexto de la comunidad de creyentes y solo pueden descubrirse en el seno de la iglesia.

Nuestra comprensión de los dones dependerá de nuestro concepto del Espíritu Santo. Él es el don de Dios para nosotros, como individuos y como cuerpo (ver Hechos 2:38 y 10:45). Al iniciarse en la vida cristiana, cada individuo pasa automáticamente a ser parte de algo mucho más grande. Los dones operan como partes de un todo. Existe una conexión en la vida del creyente entre los dones, la recepción del Espíritu y el ser miembro del cuerpo de Cristo, y todo es para bien de toda la iglesia.

ROSE ESPAÑOL

Publicado por Rose Español
Un sello editorial de Tyndale House Ministries
© 2011 Bristol Works, Inc.
www.hendricksonrose.com

Impreso en los EE. UU. 030222SCG

Editor: Benjamin Galan, MTS, ThM, Profesor de Hebreo y Literatura del Antiguo Testamento.

Autor: William Brent Ashby
Traducción al Español: Marcela Robaina

Todas las citas de la Biblia, salvo indicación en contrario, corresponden a la Santa Biblia, Nueva Biblia Latinoamericana de Hoy, © 2005 por The Lockman Foundation. Usadas con permiso. www.NBLH.org.

ISBN 978-0-80549-557-7

9 780805 495577

S665X *Nombres del Espíritu Santo*